CHINESISCHE
Küche

Jacki Passmore

KÖNEMANN

Suppen und Vorspeisen

Eine Suppe kann während oder, wenn gewünscht, auch zu Beginn der Mahlzeit serviert werden. Als Vorspeise werden normalerweise verschiedene kleine Gerichte oder Häppchen angeboten. In diesem Kapitel stellen wir einige beliebte traditionelle chinesische Vorspeisen vor.

Frühlingsrollen

Als Beigabe zu Getränken besonders geeignet.

Vorbereitungszeit: 35 Min.
Zubereitungszeit: 12 Min.
Ergibt 24 Frühlingsrollen

- ***1 Paket Teigblätter für große Frühlingsrollen***
- ***2 getrocknete schwarze chinesische Pilze, eingeweicht***
- ***120 g Hühnerbrust ohne Haut***
- ***2 EL Pflanzenöl***
- ***2 Frühlingszwiebeln, feingeschnitten***
- ***100 g Bambussprossen, feingeschnitten***
- ***1/2 rote Paprikaschote, geschnitten***
- ***120 g Sojabohnensprossen, gehackt***
- ***1 EL dunkle Sojasauce***
- ***1/2 TL Zucker***
- ***feines Pflanzenöl zum Fritieren***

1 Die Teigblätter trennen, jedes einzelne in 4 Quadrate teilen; mit einem Tuch abgedeckt beiseite stellen.

2 Die eingeweichten Pilze ausdrücken, Stiele entfernen, dann in feine Streifen schneiden. Die Hühnerbrust in feine Streifen schneiden.

3 Öl in einer Bratpfanne erhitzen. Huhn, Pilze, Frühlingszwiebeln, Bambussprossen und Paprikaschote anbraten, bis das Hühnerfleisch weiß wird. Sojabohnensprossen hinzufügen und kurz anbraten. Sojasauce und Zucker unterrühren. Abkühlen lassen.

4 1 EL Füllung auf ein Teigquadrat geben. Eine Ecke darüberlegen, dann die seitlichen Ecken einschlagen. Zur vierten Ecke hin rollen. Die Teigspitze mit Wasser befeuchten und andrücken.

5 In mäßig heißem Öl fritieren, bis die Rollen goldbraun sind. Abtropfen lassen und sofort mit Pflaumensauce servieren.

Zucker zu den angebratenen Hühnerbruststreifen geben und gut mischen.

Einen Eßlöffel voll Füllung auf ein Teigblatt geben.

Eine Ecke über die Füllung falten und die Seiten einschlagen.

Die Frühlingsrollen nacheinander fritieren, bis sie goldbraun sind.

Garnelentoast

Vorbereitungszeit: 35 Min.
Zubereitungszeit: 15 Min.
Ergibt 36 Stück

Als Vorspeise servieren.

1 Frühlingszwiebel (nur der weiße Teil)
60 g Wasserkastanien oder Bambussprossen
200 g rohes Garnelenfleisch (ungefähr 450 g ungeschälte Garnelen)
1 Ei
2–3 EL kaltes Wasser
9 Scheiben Weißbrot
3/4 Becher weiße Sesamkörner
Pflanzenöl zum Fritieren

1 Frühlingszwiebeln und Wasserkastanien oder Bambussprossen in einer Küchenmaschine zerkleinern. Garnelenfleisch, Ei und Wasser hinzufügen. Zu einer lockeren, weichen Paste verarbeiten.

2 Die Brotscheiben gleichmäßig mit der Krabbenpaste bestreichen. Brotkrusten abschneiden. Jede Scheibe in vier Dreiecke teilen.

3 Die Dreiecke gleichmäßig mit den Sesamkörnern panieren.

4 Anschließend mit der bestrichenen Seite nach unten in mäßig heißem Öl fritieren, bis sie goldgelb sind, dann herausnehmen und abtropfen lassen.

5 Heiß mit süß-saurer oder Pflaumensauce servieren.

Die Garnelenmischung verarbeiten, bis sie ganz glatt ist.

Brotscheiben gleichmäßig mit der Krabbenmischung bestreichen. Brotkrusten entfernen.

Jedes Dreieck gleichmäßig mit den Sesamkörnern panieren.

In mäßig heißem Öl fritieren, bis die Scheiben goldgelb sind.

Fritierte Dim Sim

Fritiert oder gedämpft.

Vorbereitungszeit: 25 Min.
Zubereitungszeit: 15 Min.
Ergibt 20–24 Stück

1 Paket Won-Ton-Teigblätter
600 g gehacktes Schweinefleisch
100 g Bambussprossen, feingeschnitten
1 Frühlingszwiebel, feingeschnitten
2 EL frischer Koriander, feingeschnitten
1 EL helle Sojasauce
Pflanzenöl zum Fritieren

1 Die Teigblätter mit einem Tuch abdecken, und beiseite stellen.
2 Das Schweinefleisch mit der Küchenmaschine zu einer glatten Masse verarbeiten. Bambussprossen, Frühlingszwiebeln und Koriander hinzufügen, mit den Händen zu einer glatten Paste kneten.
3 1 Eßlöffel der Füllung in die Mitte eines Teigblattes geben. Die Ränder des Blattes um die Füllung herum nach oben drücken, bis diese fast eingeschlossen ist. Das Teigblatt leicht drücken, so daß es an der Füllung haftet. Die Füllung sollte noch zu sehen sein, die Ränder des Teigblattes berühren sich fast. Dim Sim mit der Unterseite auf die Tischplatte drücken, um den Boden abzuflachen.
4 Öl erhitzen und mehrere Dim Sims gleichzeitig etwa 2 Min. lang fritieren, bis sie goldbraun sind. Herausnehmen und auf Küchenpapier abtropfen lassen.
5 Heiß servieren. Reichen Sie in kleinen Schälchen Sojasauce zum Tunken.

Tip

☐ Statt zu fritieren können Sie die Dim Sims 6 Min. lang über Dampf garen.
☐ Wenn Sie weniger Füllung pro Teigquadrat nehmen, reicht dieses Rezept für 48 Won Tons. Die Ränder der Teigblätter befeuchten, Dreiecke falten, und die Ränder zusammendrücken. Die beiden äußeren Spitzen hochnehmen und zusammendrücken. Fritieren oder dampfgaren. Die Garzeit ist geringer als bei Dim Sims.

Feingeschnittene Frühlingszwiebel und Koriander zu der Schweinefleischmasse geben.

Die Füllung mit den Händen zu einer glatten Paste verarbeiten.

Einen Eßlöffel Füllung in die Mitte der Won-Ton-Teigblätter geben.

Die Kanten der Teigblätter nach oben und um die Füllung herum drücken.

Knusprige Wachteln mit Pfeffer-Salz-Dip

6 halbierte Wachteln
2 EL dunkle Sojasauce
1 TL Ingwer, feingeraspelt
1 EL trockener Sherry
Pflanzenöl zum Fritieren (falls gewünscht)
2 EL feines Tafelsalz
1 TL chinesische Pfefferkörner

Vorbereitungszeit:
15 Min. + 4 Std. zum Marinieren
Zubereitungszeit:
25 Min.
Für 6–12 Personen

1 Die Wachteln in eine Schüssel legen, gleichmäßig mit der Marinade aus Sojasauce, Ingwer und Sherry bestreichen. Mit Folie abdecken, 4 Std. lang an einem kühlen Platz oder im Kühlschrank marinieren.

2 Wachteln abtropfen lassen und mit Küchenpapier trockentupfen. Im heißen Backofen etwa 25 Min. backen oder 3 Min. in mäßig heißem Öl fritieren, bis sie goldbraun sind. Herausnehmen und abtropfen lassen.

3 Das Salz in einem trockenen Wok 3 Min. erhitzen. Salz und Pfefferkörner mischen und zerstoßen. Die Mischung in eine kleine Schüssel geben.

4 Die Wachteln auf Salatblättern arrangieren und mit dem Pfeffer-Salz-Dip servieren.

Die Wachteln mit der Marinade aus Sojasauce, Ingwer und Sherry bestreichen.

Wachteln abtropfen lassen und mit Küchenpapier trockentupfen.

Die Wachteln im heißen Backofen etwa 25 Min. lang backen. Abtropfen lassen.

Das Salz und die Pfefferkörner in der Küchenmaschine oder einem Mörser zerkleinern.

Maissuppe mit Krabbenfleisch

Vorbereitungszeit: 20 Min.
Zubereitungszeit: 10 Min.
Für 4–6 Personen

2 Becher Mais, gefroren oder aus der Dose
100 g Krabbenfleisch
1 Frühlingszwiebel, feingeschnitten
875 ml Wasser
2 TL gekörnte Hühnerbrühe
3 EL Stärkemehl
$1^1/_2$ EL helle Sojasauce
2 EL vom grünen Teil einer Frühlingszwiebel, feingeschnitten

1 Mais in der Küchenmaschine zerkleinern.
2 Mais, Krabbenfleisch und den weißen Teil der Frühlingszwiebel in eine Pfanne geben. Wasser, gekörnte Brühe und Stärkemehl hinzufügen. Zum Kochen bringen und köcheln lassen, dabei rühren, bis die Suppe bindet.
3 Mit Sojasauce würzen. In Suppenschalen füllen und mit dem Grün der Frühlingszwiebel garnieren.

TIP
Die Suppe ist genauso köstlich, wenn an Stelle von Krabbenfleisch 120 g feingeschnittene Hühnerbrust ohne Haut verwendet wird.

Den Mais in einer Küchenmaschine zerkleinern.

Zu Mais, Krabbenfleisch und Frühlingszwiebel Wasser hinzufügen.

Gekörnte Hühnerbrühe zur Suppenmischung geben. Zum Kochen bringen.

Die Maissuppe mit Sojasauce würzen. Sofort servieren.

Suppe mit Melone und Schinkenstreifen

Vorbereitungszeit: 10 Min.
Zubereitungszeit: 8 Min.
Für 6 Personen

1 Stück (600 g) chinesische Wintermelone oder Gurke
100 g Schinken
1250 ml Hühnerbrühe
1 EL Ingwer, feingeschnitten
2 EL Frühlingszwiebeln, feingeschnitten
1½ EL helle Sojasauce

1 Melone schälen. Erst in Scheiben und dann in 4 cm große Würfel schneiden. Schinken in lange, dünne Streifen schneiden.
2 Hühnerbrühe in einer mittelgroßen Kasserolle aufkochen. Hitze reduzieren und köcheln lassen. Melone, Ingwer, Frühlingszwiebel und Sojasauce hinzufügen. 2 Min. köcheln lassen, bis die Melone weich ist. Schinken in die Suppe geben, köcheln lassen, bis der Schinken warm ist.
3 Sofort servieren.

TIP
Wintermelonenscheiben können, über Dampf gegart, als Gemüse serviert werden. Mit in Hühnerbrühe gekochtem Krabbenfleisch anrichten.

Wintermelone schälen, in dünne lange Scheiben schneiden, dann würfeln.

Schinken in dünne, 5 cm lange Streifen schneiden.

Feingeschnittene Frühlingszwiebel und Ingwer hinzufügen.

Schinkenstreifen in die köchelnde Suppe geben.

Würzige Szechuan–Suppe

Vorbereitungszeit: 35 Min.
Zubereitungszeit: 15 Min.
Für 6 Personen

Pikant und nahrhaft.

200 g fester Tofu
60 g Schweine- oder Kalbsleber, sehr feingeschnitten
100 g mageres Schweine- oder Hühnerfleisch, sehr feingeschnitten
4 getrocknete schwarze chinesische Pilze, eingeweicht
1 Frühlingszwiebel, geschnitten
2 Knoblauchzehen, gehackt
1 EL Ingwer, feingeraspelt
1 kleine Möhre, feingeraspelt
2 Stangen Sellerie, feingeschnitten
1–2 scharfe Chilischoten, entkernt und feingehackt
2 EL Pflanzenöl
60 g Bambussprossen, geschnitten
1250 ml Wasser
2 TL gekörnte Hühnerbrühe
2 EL dunkle Sojasauce
1 EL dunkler chinesischer Essig
2 EL frischer Koriander, geschnitten
1/2 TL zerstoßener schwarzer Pfeffer
3 Eier, leicht verquirlt

1 Tofu erst in dünne Scheiben, dann in feine Streifen schneiden; ebenso die Leber- und Fleischscheiben.
2 Pilzstiele entfernen, die Hüte fein schneiden. Pilze, Frühlingszwiebel, Knoblauch, Ingwer, Möhre, Sellerie und Chilischoten 2 Min. in Öl braten. Schweine- oder Hühnerfleisch und Bambussprossen hinzufügen und kurz aufkochen.
3 Wasser, gekörnte Brühe und Sojasauce hinzufügen, aufkochen und 4 Min. köcheln lassen.
4 Tofu, Leber, Essig, Koriander und Pfeffer hinzufügen und kurz aufkochen. Langsam die geschlagenen Eier dazugeben und rühren, bis die Eier feine Fäden bilden.
5 Suppe heiß servieren.

TIP
Szechuan-Küche ist bekannt für die Verwendung von scharfen Zutaten, besonders rotem Chili. Diese Suppe sollte einen scharfen, herben Geschmack haben – die fünf Geschmacksrichtungen der traditionellen Szechuan-Küche – süß, sauer, salzig, scharf und bitter – sind in dieser nahrhaften Suppe enthalten. Wird ein weniger scharfer Geschmack bevorzugt, kann die Menge an Chili und Pfeffer reduziert werden.

Tofu, Leber und Hühner- oder Schweinefleisch in feine Streifen schneiden.

Gekörnte Hühnerbrühe in die köchelnde Suppe geben.

Tofu und Leber in die Suppe geben.

Langsam die verquirlten Eier hineingießen, rühren, bis sich dünne Fäden bilden.

FISCH UND MEERESFRÜCHTE

Fischgerichte sind die Spezialität der östlichen Küstenregion Chinas. Meeresfrüchte und festkochender Fisch ist zum kurzen und scharfen Anbraten bestens geeignet. Frühlingszwiebeln und Ingwer geben diesen Gerichten ihren besonderen Geschmack.

Kurzgebratene Garnelen mit Lauch

Vorbereitungszeit: 12 Min.
Zubereitungszeit: 4–5 Min.
Für 6 Personen

800 g große rohe Garnelen mit Schale
2 junge Lauchstangen
1 frische rote Chilischote
1 Stück Ingwer, 3 cm lang
3 EL Pflanzenöl
2 TL helle Sojasauce
1 EL japanischer Mirin- oder Ingwerwein
75 ml Wasser
1/2 TL gekörnte Hühnerbrühe
1 TL Stärkemehl

1 Garnelen schälen, dabei das letzte Stück Schale und Schwanz unversehrt lassen. Entlang der Rückenmitte aufschlitzen und Darm entfernen.

2 Nur die weißen Teile des Lauchs verwenden. Gut waschen und in 4 cm lange Stücke, dann der Länge nach in feine Streifen schneiden. Chilischote aufschneiden, Samen entfernen und Schote in feine Streifen schneiden. Ingwer schälen und fein raspeln.

3 Öl in einem Wok erhitzen, Lauch, Chilischote und Ingwer 40 Sek. bei großer Hitze anbraten. Auf die Seite schieben, Garnelen ins heiße Öl geben, 1 1/2 Min. lang braten bis sie gerade gar sind.

4 Sojasauce, Mirin- oder Ingwerwein in den Wok geben. Wasser, gekörnte Hühnerbrühe und Stärkemehl mischen und in den Wok gießen. Auf höchster Stufe kochen, rühren bis die Sauce eindickt.

Lauch in feine Streifen schneiden. Ingwer und Chilischote fein hacken.

Lauch auf eine Seite des Woks schieben. Garnelen hinzufügen und 2 Min. braten.

Sojasauce zu Garnelen und Lauch geben und gut rühren.

Nach dem Hinzufügen der Stärkemehlmischung rühren, bis die Sauce eindickt.

Garnelen in Satay-Sauce

Vorbereitungszeit:
20 Min.
Zubereitungszeit:
3 Min.
Für 4 Personen

12 große rohe Garnelen
1 mittelgroße Zwiebel
2 EL Pflanzenöl
65 ml Satay-Sauce

1 Garnelen schälen, dabei das letzte Stück Schale und den Schwanz unversehrt lassen. Rückenmitte tief einschneiden und Darm entfernen. Garnelen leicht flachdrücken.

2 Zwiebel schälen, Wurzelteil wegschneiden und dann von oben nach unten in halbrunde Scheiben schneiden. Die Stücke vereinzeln.

3 Öl in einem Wok erhitzen, Zwiebeln darin anbraten, bis sie beginnen weich zu werden. Garnelen hinzufügen, $1^1/_2$ Min. braten, bis sie fast gar sind. Satay-Sauce hinzufügen und gut vermischen. Sofort mit gekochtem Reis und chinesischem Gemüse servieren.

TIP

Dieses Rezept ist vorzüglich für Muscheln geeignet. Muscheln gut waschen um den Sand zu entfernen. Die Haut um das weiße Fleisch herum abziehen. Der rote Rogen ist allerdings eßbar.

Bogenförmige Zwiebelscheiben erhält man, wenn Zwiebel von oben nach unten geschnitten wird.

Geschälte und ausgenommene Garnelen zu den kurz angebratenen Zwiebeln geben.

Garnelen und Zwiebel auf höchster Stufe braten, bis die Garnelen rosa werden.

65 ml Satay-Sauce über die Garnelen gießen und gut vermischen.

Gefüllte Muscheln mit Zuckererbsen

12 große frische Muscheln
1 Frühlingszwiebel
100 g Garnelen ohne Schale
2 TL trockenen Sherry oder Reiswein
1 EL helle Sojasauce
100 g Stärkemehl
500 ml Pflanzenöl
1 TL Ingwer, feingeraspelt
100 g frische Zuckererbsen
165 ml Wasser
$^1/_2$ TL gekörnte Hühnerbrühe

1 Muscheln mit Küchenpapier abtrocknen und beiseite stellen.

Vorbereitungszeit: 30 Min.
Zubereitungszeit: 7 Min.
Für 4 Personen

2 In einer Küchenmaschine die weißen Teile der Frühlingszwiebel zerkleinern; Garnelen, die Hälfte des Sherries und der Sojasauce hinzufügen. 2 TL Stärkemehl dazugeben.
3 Einen TL der Füllung auf die Oberfläche der Muscheln setzen. In Stärkemehl wälzen.
4 Öl erhitzen und die Muscheln anbraten, bis sie zart goldgelb sind. Herausnehmen und auf eine Servierplatte setzen.
5 Öl ausgießen und Pfanne ausreiben. 2 EL Öl in die Pfanne geben, die Zuckererbsen mit geschnittenem Grün der Frühlingszwiebel und Ingwer kurz anbraten. Gekörnte Brühe, 2 TL Stärkemehl, restlichen Sherry und Sojasauce mit Wasser mischen und hinzufügen.
6 Zuckererbsen und Sauce über die Muscheln gießen, sofort servieren.

TIP
☐ Preiswerter ist es, statt Garnelen Fisch zum Füllen zu verwenden, oder nur die Hälfte der angegebenen Muscheln zu nehmen, und sie zu halbieren.
☐ Pfannengerichte nie zu lange braten. Gemüse sollte seinen Biß behalten.

Einen Teelöffel verwenden, um die Garnelenfüllung auf die Muscheln zu setzen.

Gefüllte Muscheln in Stärkemehl wälzen und gleichmäßig panieren.

Gefüllte Muscheln nach und nach anbraten, bis sie goldgelb sind. Abtropfen lassen.

Die Mischung aus Wasser, gekörnter Brühe, Sherry und Sojasauce unterrühren.

Gedämpfter Fisch

Vorbereitungszeit:
35 Min.
Zubereitungszeit:
12 Min.
Für 4–6 Personen

Frischen Fisch verwenden.

1 kg Barsch oder einen anderen großen Weißfisch
2 getrocknete chinesische schwarze Pilze, eingeweicht
1 kleine Möhre
1 große Frühlingszwiebel
1/4 rote Paprikaschote oder frische rote Chilischote
1 Stück Ingwer, 3 cm lang
1 EL Pflanzenöl
1 1/2 EL helle Sojasauce

1 Fisch schuppen, abwaschen und trockenreiben. Mehrere tiefe Einschnitte diagonal über beide Seiten des Fisches machen.

2 Pilze ausdrücken und Stiele entfernen. Gemüse und Ingwer in feine Streifen schneiden.

3 Den Fisch auf einen Teller legen, Gemüse und Ingwer darüber verteilen. Öl und Sojasauce darübergießen.

4 Teller im Dampfeinsatz über leicht köchelndes Wasser stellen. Fest verschließen und 12 Min. (oder bis der Fisch durch ist) über Dampf garen. (Nach 9–10 Min. den Fisch probieren.)

Mehrere tiefe Einschnitte diagonal über beide Seiten des Fisches machen.

Möhre, Frühlingszwiebel, Paprikaschote, Pilze und Ingwer in feine Streifen schneiden.

Fisch auf einen Teller legen. Gemüse über den Fisch verteilen.

Öl und Sojasauce über den Fisch gießen. 12 Min. über Dampf garen.

Krebse mit schwarzen Bohnen

Vorbereitungszeit: 40 Min.
Zubereitungszeit: 10 Min.
Für 4 Personen

4 Krebse
1 mittelgroße Zwiebel
1/2 rote Paprikaschote
1/2 grüne Paprikaschote
2 Frühlingszwiebeln
125 ml Öl
3 TL gesalzene schwarze Bohnen, feingeschnitten
1 TL Knoblauch, feingehackt
1 TL Ingwer, feingeraspelt
1 TL Zucker
1 EL helle Sojasauce
80 ml Wasser
2 TL Stärkemehl

1 Bewegliche Teile der Schalen am Bauch der Krebse entfernen.

2 Rückenschalen aufbrechen und die Innereien entfernen. Krebse waschen und halbieren. Scheren entfernen.

3 Gemüse in Streifen schneiden. Öl erhitzen. Krebse 3 Min. braten, abtropfen lassen. Öl ausgießen, 2 EL frisches Öl in den Wok geben.

4 Bohnen, Knoblauch und Ingwer 30 Sek. anbraten. Zucker und Gemüse hinzufügen, 2 Min. braten. Krebse hinzufügen. Sojasauce und Wasser mit Stärkemehl vermischt dazugeben. Kochen bis die Sauce eindickt. Sofort servieren.

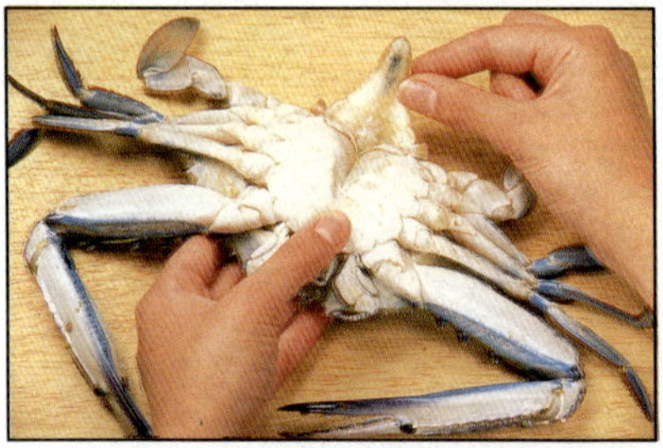

Bewegliche Teile der Schalen vom Bauch der Krebse anheben und abbrechen.

Rückenschale aufbrechen und die weichen grauen Innereien entfernen. Krebse waschen.

Zwiebel, Paprika und Frühlingszwiebel in den Wok geben. 2 Min. anbraten.

Krebse und die Mischung aus Sojasauce, Wasser und Stärkemehl hinzufügen.

Fisch, Spargel und Pilze in Folie gegart

Vorbereitungszeit: 35 Min.
Zubereitungszeit: 10 Min.
Für 4 Personen

500 g helles Fischfilet
2 Frühlingszwiebeln
1 EL Öl
1 EL Ingwer, feingeraspelt
2 EL Mandeln, in dünne Scheiben geschnitten
1 Dose Strohpilze (500 g), abtropfen lassen
125 ml Hühnerbrühe
1 TL Stärkemehl
60 ml Austernsauce
200 g grüner Spargel, diagonal in 3 cm lange Stücke geschnitten

1 Jedes Fischfilet auf ein Stück Alufolie legen.
2 Frühlingszwiebeln der Länge nach halbieren, dann in 4 cm lange Stücke schneiden.
3 Öl im Wok erhitzen, Frühlingszwiebeln, Ingwer, Mandeln und Pilze darin 30 Sek. anbraten.
4 Die Mischung aus Hühnerbrühe, Stärkemehl und Austernsauce hinzufügen. Auf mittlerer Hitze rühren, bis sie eindickt. Von der Kochplatte nehmen, Spargel dazugeben. Abkühlen lassen.
5 Die Mischung gleichmäßig über den Fischfilets verteilen und die Folie schließen. Folienpäckchen nebeneinander in den Dampfeinsatz legen. Zugedeckt so lange über Dampf garen, bis der Fisch weich ist (etwa 10 Min.).

Frühlingszwiebeln, Ingwer, Mandeln und Pilze 30 Sek. anbraten.

Die Mischung aus Hühnerbrühe, Stärkemehl und Austernsauce hinzufügen.

Spargel-Pilz-Mischung gleichmäßig über den Fisch verteilen.

Die Folienpäckchen schließen und nebeneinander in den Dampfeinsatz legen.

Heiße Meeresfrüchte auf knusprigen Reisnudeln

Vorbereitungszeit: 40 Min.
Zubereitungszeit: 10 Min.
Für 4–6 Personen

6 mittelgroße frische Garnelen
200 g Kabeljau oder einen anderen Weißfisch
4 Tintenfische
6 Muscheln
500 ml Pflanzenöl
150 g Reis-Vermicelli
1 mittelgroße Zwiebel, längs geschnitten
1 Selleriestange, diagonal geschnitten
200 g Zuckererbsen
12 Ingwerscheiben, hauchdünn geschnitten
75 ml Tomatensauce
1 TL Instant-hühnerbrühe
2 TL Zucker
1 TL Chilisauce
1 EL Stärkemehl
375 ml Wasser

1 Garnelen schälen und Därme entfernen. Fisch in mundgerechte Würfel schneiden, Tintenfisch in Ringe schneiden, Muscheln halbieren.
2 Öl erhitzen, die Nudeln in kleinen Portionen anbraten, bis sie aufgehen und weiß werden. Schnell herausnehmen, um zu langes Kochen zu vermeiden. Auf einer Servierplatte anrichten.
3 Öl bis auf 3 EL aus der Pfanne entfernen, Gemüse etwa 2 Min. anbraten. Herausnehmen oder auf die Seite schieben. Meeresfrüchte braten, bis sie gar sind. Mit dem Gemüse vermischen und über die Nudeln geben.
4 Tomatensauce, gekörnte Brühe, Zucker und Chilisauce in die Pfanne geben. Gut vermischen. Stärkemehl mit Wasser vermischen. In die Pfanne geben und bei mittlerer Hitze ständig rühren, bis die Sauce kocht und bindet. Über Nudeln und Meeresfrüchte gießen und sofort servieren.

Tintenfisch in Ringe schneiden, Garnelen schälen und Darm entfernen, Fisch würfeln.

Nudeln in kleinen Portionen braten, bis sie aufgehen und weiß werden.

Zuckererbsen, Sellerie, Ingwer und Zwiebeln etwa $2^1/_2$ Min. im Wok anbraten.

Das Wasser-Stärkemehl-Gemisch in die Sauce gießen.

Krebsfleisch-Omelett

6 Eier
2 TL helle Sojasauce
1 Prise Zucker
1 Prise weißer Pfeffer
2 kleine Frühlingszwiebeln, geschnitten
2 EL Pflanzenöl
150 g Krebsfleisch, zerkleinert
1–1½ EL Austernsauce

Vorbereitungszeit: 15 Min.
Zubereitungszeit: 5–6 Min.
Für 2–4 Personen

1 Eier mit Sojasauce, Zucker, Pfeffer und 2 EL Wasser verquirlen.
2 Wok oder Omelettpfanne erhitzen, die weißen Teile der Frühlingszwiebeln 30 Sek. in Öl anbraten. Krebsfleisch hinzufügen, kurz aufkochen, dann die Eier dazugießen. Braten bis die Masse stockt und die Unterseite des Omeletts leicht braun ist. In vier Stücke teilen, wenden, von der anderen Seite braten.
3 Auf einen vorgewärmten Teller geben, die Austernsauce darüberträufeln und mit dem geschnittenen Grün der Frühlingszwiebeln garnieren.

TIP
Probieren Sie das Omelett mal mit gebratenem Muschelfleisch, Hühnerfleisch oder einer Kombination aus gewürfeltem Fleisch und Gemüse.

Eier, Sojasauce, Zucker, Pfeffer und Wasser gut verquirlen.

Frühlingszwiebeln etwa 30 Sek. braten, Krebsfleisch hinzufügen, kurz aufkochen.

Eier in die Pfanne geben, braten, bis die Unterseite des Omeletts leicht braun ist.

Mit einem Pfannenwender das Omelett in 4 Teile zerlegen, wenden, von der anderen Seite braten.

Fleisch und Huhn

Fleisch- und Geflügelgerichte werden vor dem eigentlichen Kochvorgang am besten fix und fertig vorbereitet. Saucen und Gewürze werden hinzugefügt, um Geschmack zu geben und das Fleisch zart zu machen. Gemüse wird vor dem Braten in gleichmäßig große Stücke geschnitten.

Süß-saures Schweinefleisch

Ungeheuer beliebt.

Vorbereitungszeit:
20 Min. + 20 Min. zum Marinieren
Zubereitungszeit:
12 Min.
Für 4–6 Personen

700 g Schweinebauch oder Rippchen
1 EL helle Sojasauce
1 EL trockener Sherry
$^1/_2$ mittelgroße Gurke
2 EL süße chinesische Mixed Pickles
110 g Stärkemehl
1250 ml Pflanzenöl
$^1/_4$ grüne Paprikaschote, geschnitten
$^1/_4$ rote Paprikaschote, geschnitten
1 mittelgroße Zwiebel, von oben nach unten geschnitten
125 ml weißer Essig
250 ml Wasser
65 ml Tomatensauce
50 g Zucker
1 TL gekörnte Hühnerbrühe
1 EL Stärkemehl, zusätzlich

1 Schweinebauch erst in dicke Scheiben, dann in 1 cm breite Streifen schneiden, so daß jedes Stück sowohl Fleisch als auch Fettschichten aufweist. Kleine Knochen aus den Rippchen entfernen. Mit Sherry und Sojasauce einpinseln, 20 Min. marinieren.

2 Die Gurke schälen, halbieren, die Kerne entfernen, dann in feine Scheiben schneiden. Die Pickles fein schneiden.

3 Das Schweinefleisch dick mit Stärkemehl panieren, überschüssiges Mehl abschütteln. In kleinen Portionen etwa 2 Min. im Öl braten, bis es leicht goldbraun ist. Herausnehmen, auf einem Rost abtropfen und abkühlen lassen.

4 Paprika und Zwiebel in 3 EL Öl aus dem Wok anbraten. (Das restliche heiße Öl für den zweiten Bratgang des Schweinefleischs beiseite stellen.) Gurke und Mixed Pickles hinzufügen, kurz anbraten. Essig, Wasser, Tomatensauce, Zucker, gekörnte Hühnerbrühe und Stärkemehl hinzufügen. Rühren, bis sich das Stärkemehl aufgelöst hat. Zum Kochen bringen und unter Rühren köcheln lassen, bis die Sauce eindickt.

5 Das Öl erneut erhitzen. Schweinefleisch ein zweitesmal etwa 2 Min. braten, bis es goldbraun und knusprig ist. Die Sauce darübergießen, mit gekochtem weißem Reis heiß servieren.

Schweinebauch in 1 cm dicke Scheiben schneiden, kleine Knochen entfernen.

Gurke schälen, Kerne entfernen, in dünne Scheiben schneiden.

Schweinefleisch in mehreren Portionen braten, bis es leicht goldbraun ist.

Mischung aus Essig, Wasser, Tomatensauce, Zucker, Hühnerbrühe und Stärkemehl in den Wok geben.

Spare Ribs mit schwarzen Bohnen

Vorbereitungszeit:
$1^{3}/_{4}$ Std.
Zubereitungszeit:
100 Min.
Für 6–8 Personen

1 kg fleischige Spare Ribs
2 EL gesalzene schwarze Bohnen, gehackt
4–6 Knoblauchzehen, feingehackt
2 EL Ingwer, geraspelt
1 frische rote Chilischote, feingeschnitten
65 ml helle Sojasauce
1 EL dunkle Sojasauce
3 EL brauner Zucker
375 ml Wasser
2 EL Pflanzenöl
1 große Zwiebel, geschnitten
1 grüne Paprikaschote, feingeschnitten

1 Spare Ribs in 4 cm große Stücke schneiden, in eine feuerfeste Form geben. Schwarze Bohnen, Knoblauch, Ingwer und Chilischote darüber verteilen, Sojasaucen, Zucker und Wasser hinzufügen.
2 Die feuerfeste Form zudecken und im vorgeheizten Backofen (180 °C) backen oder im Dampfeinsatz über leicht köchelndem Wasser $1^{1}/_{2}$ Std. kochen.
3 Öl im Wok erhitzen, Zwiebel und Paprika anbraten, bis sie weich werden. Spare Ribs und Fleischsaft hinzufügen und 5–6 Min. aufkochen lassen. Heiß mit Reis servieren.

Spare Ribs in 4 cm große Stücke schneiden, in eine Form geben und Bohnen darüber verteilen.

Die Mischung aus Sojasaucen, Zucker und Wasser über die Spare Ribs gießen.

Öl im Wok erhitzen, Zwiebel und Paprika 2 Min. anbraten.

Spare Ribs und Fleischsaft in den Wok geben, 5–6 Min. anbraten.

Schweinefleisch und Gemüse auf Nudeln

Frische Eiernudeln eignen sich am besten.

Vorbereitungszeit: 30 Min. + 30 Min. zum Marinieren
Zubereitungszeit: 20 Min.
Für 4–6 Personen

300 g mageres Schweinefleisch
1 EL dunkle Sojasauce
1 EL süßer Sherry
1 EL Stärkemehl
1 Selleriestange
1/2 mittelgroße Möhre
6 kleine Broccoliröschen
6 kleine Blumenkohlröschen
1/4 rote Paprikaschote, zu Quadraten geschnitten
1 kleine Zwiebel, längs geschnitten
750 g Eiernudeln
250 ml Hühnerbrühe
1 1/2 TL Stärkemehl zusätzlich
3 EL Öl

1 Schweinefleisch in feine Stücke schneiden, in eine Schüssel mit Sojasauce, Sherry und Stärkemehl geben. Gut vermischen, 30 Min. stehen lassen.

2 Sellerie und Möhre in feine Streifen schneiden. Die Gemüse 2 Min. in einem Drittel des Öls anbraten. Herausnehmen und warm halten. Fleisch, Marinade und das zweite Drittel Öl in den Wok geben. Anbraten, bis sich die Farbe ändert. Die mit dem Stärkemehl gemischte Hühnerbrühe zugeben, aufkochen, dabei rühren, bis die Sauce eindickt. Das Gemüse hinzufügen. Gut vermischen.

3 Nudeln in heißem Wasser weich werden lassen. Herausnehmen, abtropfen lassen.

4 Nudeln im restlichen Öl wenden, bis sie gut mit Öl überzogen sind, auf einen Teller geben, Fleisch und Gemüse darauf verteilen. Sofort servieren.

Broccoli- und Blumenkohlröschen trennen.

Fleisch anbraten, bis sich die Farbe ändert. Brühe mit Stärkemehl vermischt zum Fleisch geben.

Nudeln kurz in kochendes Wasser geben, bis sie weich sind. Gut abtropfen lassen.

Nudeln im Wok anbraten, bis sie gut mit Öl überzogen und heiß sind.

Lamm auf mongolische Art

Vorbereitungszeit:
20 Min. + 2 Std. zum Marinieren
Zubereitungszeit:
5–6 Min.
Für 4 Personen

400 g mageres Lamm-Fleisch, ohne Knochen
1 TL Knoblauch, feingehackt
2 TL Ingwer, geraspelt
1 EL dunkle Sojasauce
1 EL trockener Sherry
1 EL Sesamöl
2 TL Stärkemehl
1 große Zwiebel
2 EL Pflanzenöl
2 TL Sesamkörner, nach Belieben

1 Lammfleisch in hauchdünne Scheiben, dann in kurze Streifen schneiden. In eine Schüssel geben. Knoblauch, Ingwer, Sherry, Sesamöl und Stärkemehl hinzufügen. Gut vermischen und 2 Std. marinieren.

2 Zwiebel in Scheiben schneiden, Scheiben halbieren und die einzelnen, halbrunden Streifen trennen.

3 Öl in einem Wok erhitzen. Zwiebeln kurz anbraten. Herausnehmen. Das Fleisch 1–2 Min., bis es gerade gar ist, braten.

4 Zwiebel auf einen Teller geben, Fleisch auf den Zwiebeln verteilen oder mit ihnen vermengen. Mit Sesamkörnern bestreuen.

Lamm in hauchdünne Scheiben, dann in kurze Stücke schneiden.

Knoblauch, Ingwer, Sojasauce, Sesamöl und Stärkemehl zum Fleisch geben.

Öl im Wok erhitzen, geschnittene Zwiebeln hinzufügen, etwa 1 Minute anbraten.

Lamm braten, bis es fast gar ist. Zwiebel in den Wok geben. Alles gut vermischen.

Rindfleisch mit Broccoli

Vorbereitungszeit:
15 Min. + 30 Min. zum Marinieren
Zubereitungszeit:
3–4 Min.
Für 4 Personen

400 g Rumpsteak
1 EL Stärkemehl
2 EL helle Sojasauce
1 EL trockener Sherry
1 TL Zucker
150 g Broccoli
3 EL Öl
2 Frühlingszwiebeln (nur die weißen Teile), geschnitten
125 ml Hühner- oder Rinderbrühe
30 ml Austernsauce (nach Belieben)

1 Rindfleisch sehr dünn schneiden. In eine Schüssel mit Stärkemehl, Sojasauce, Sherry und Zucker geben. Gut vermischen und 30 Min. marinieren.

2. Broccoli in kleine Röschen teilen, 1 Min. in Öl anbraten. Frühlingszwiebeln hinzufügen, kurz braten. An den Rand schieben, Fleisch und Marinade hinzufügen. 2 Min. bei großer Hitze braten, bis das Fleisch die Farbe wechselt.

3 Brühe hinzufügen, 1 Min. auf höchster Stufe braten, dabei rühren. Die Austernsauce, wenn gewünscht, jetzt hinzufügen.

4 Mit weißem Reis servieren.

Rindfleisch dünn schneiden und mit Stärkemehl, Sojasauce, Sherry und Zucker vermischen.

Broccoli 1 Min. anbraten. Frühlingszwiebeln dazugeben.

Broccoli zur Seite schieben. Rindfleisch und Marinade in den Wok geben, 2 Min. braten.

Die Brühe in den Wok gießen, aufkochen lassen, 1 Min. rühren.

Huhn mit Sojabohnensprossen

Vorbereitungszeit: 15 Min. + 20 Min. zum Marinieren
Zubereitungszeit: 2–3 Min.
Für 4 Personen

300 g Hühnerbrust, ohne Haut
1 EL helle Sojasauce
1 TL Zucker
1 TL Stärkemehl
3 Frühlingszwiebeln, (nur die weißen Teile) gehackt
3 EL Pflanzenöl
1 EL trockener Sherry
125 g frische Sojabohnensprossen
125 ml Hühnerbrühe
1 TL Stärkemehl

1 Hühnerfleisch erst schneiden, dann fein zerkleinern und mit Sojasauce, Zucker und Stärkemehl 20 Min. marinieren (siehe Hinweis).
2 Frühlingszwiebeln 30 Sek. in Öl anbraten, im Wok zur Seite schieben, das Hühnerfleisch anbraten. Sherry hinzufügen.
3 Sojabohnensprossen dazugeben, kurz braten. Hühnerbrühe und Stärkemehl mischen, in den Wok geben und kochen. Dabei rühren, bis es bindet.

Hinweis: Verwendet man die schnelle Methode des kurzen Anbratens, ist es wichtig zu marinieren, um die Würze einziehen zu lassen.

Huhn mit Sojasaucenmischung vermengen. 20 Min. marinieren.

Frühlingszwiebeln 30 Sek. in Öl anbraten.

Sherry zum Huhn geben und gut vermengen.

Mit Stärkemehl vermischte Hühnerbrühe in den Wok gießen. Rühren, bis die Sauce eindickt.

Honig-Huhn

Vorbereitungszeit:
10 Min.
Zubereitungszeit:
10 Min.
Für 4–6 Personen

500 g Hühnerbrust, ohne Haut
180 g Stärkemehl
1/2 TL Backpulver
2 Eiweiß
kaltes Wasser
etwas Stärkemehl zum Bestäuben
180 ml klarer Honig
1 1/2 TL süße Chilisauce
Frühlingszwiebel zum Garnieren
500 ml Öl

1 Huhn in mundgerechte Stücke schneiden.

2 Aus Stärkemehl, Backpulver, geschlagenem Eiweiß und kaltem Wasser einen cremigen Teig bereiten. Hühnerstücke mit Stärkemehl bestäuben und anschließend in den Teig tauchen. 1 Min. braten, bis die Oberfläche knusprig und das Huhn gar ist.

3 In einer anderen Pfanne den Honig schmelzen und mit Chilisauce mischen. Über das Huhn geben und sofort servieren. Mit Frühlingszwiebel garnieren.

TIP
Das Fleisch auf einem Bett aus knusprig gebratenen Reisnudeln anrichten. Reisnudeln in heißes Öl geben, gerade so lange braten, bis sie aufgehen und weiß werden; dann herausnehmen.

Aus Stärkemehl, Backpulver, geschlagenem Eiweiß und Wasser einen Teig bereiten.

Hühnerstücke gleichmäßig mit Stärkemehl bestäuben.

Hühnerstücke in mäßig heißem Öl braten, bis sie goldbraun sind.

Frühlingszwiebel-Locken zum Garnieren: das Grün in dünne Streifen schneiden und in Eiswasser kühlen.

Kurzgebratenes Huhn mit Erdnüssen und Chilischote

Vorbereitungszeit: 15 Min. + 30 Min. zum Marinieren
Zubereitungszeit: 8 Min.
Für 4–6 Personen

400 g Hühnerbrust mit Haut, ohne Knochen
1 TL Ingwer, feingeraspelt
1 EL trockener Sherry
1 EL helle Sojasauce
1 frische oder getrocknete Chilischote, feingeschnitten
1/2 Becher frische Erdnüsse, ohne Schale
125 ml Pflanzenöl
1 mittelgroße Zwiebel, von oben nach unten geschnitten
1 kleine rote Paprikaschote, rautenförmig geschnitten
1 kleine grüne Paprikaschote, rautenförmig geschnitten
200 g Bambussprossen
175 ml Hühnerbrühe
1 TL Chilisauce, nach Belieben
2 TL Stärkemehl

1 Hühnerbrust in 2 cm große Würfel schneiden, mit Ingwer, Sherry und Sojasauce in eine Schüssel geben. Gut vermischen und 30 Min. marinieren.

2 Chilischote und Erdnüsse 1 Min. in heißem Öl anbraten und dann herausnehmen. Die Hälfte des Öls ausgießen. Zwiebel, Paprikaschoten und Bambussprossen 1 Min. anbraten, herausnehmen, das Huhn etwa 2 Min. lang, bis es gerade gar ist, braten.

3 Hühnerbrühe, Sauce und Stärkemehl mischen und in eine Pfanne gießen. Auf höchster Stufe zum Kochen bringen und rühren, bis die Sauce bindet.

4 Gemüse wieder in den Wok geben, Chilischote und Erdnüsse hineinrühren. Kurz aufkochen lassen.

TIP
Für dieses Gericht eignen sich auch große Krabben, gewürfeltes Schweinefleisch oder vorher in Öl knusprig gebratener gewürfelter Tofu.

Huhn in Ingwer, Sherry und Sojasauce marinieren. Gut mischen.

Erdnüsse in heißem Öl etwa 1 Min. lang anbraten.

Zwiebel und Paprika zur Seite schieben. Huhn in die Pfanne geben.

Bambussprossen und Saucen in die Pfanne geben. Zum Kochen bringen; rühren, bis die Sauce bindet.

Gemüse

Gemüse gibt chinesischen Gerichten Farbe, Substanz und Aroma. Rote und grüne Paprika, Zwiebel und chinesisches Blattgemüse wie choy sum *(zarter chinesischer Grünkohl),* bok choy *(Spinat) und* gai larn *(chinesischer Broccoli) sind am beliebtesten.*

Reis auf kantonesische Art

500 g weißer Reis
100 g grüne Erbsen
100 g Mais
125 ml Pflanzenöl
3 Scheiben durchwachsener Speck, in 1 cm breite Streifen geschnitten
1/2 kleine rote Paprikaschote, gewürfelt
2 Frühlingszwiebeln, geschnitten
2 Eier, leicht gequirlt
100 g geschälte kleine Garnelen, gekocht
2 EL helle Sojasauce

Vorbereitungszeit: 15 Min.
Zubereitungszeit: 30 Min.
Für 4–6 Personen

1 Reis mit 750 ml kaltem Wasser in einen Topf geben, abdecken und zum Kochen bringen. Hitze auf kleinste Stufe zurücknehmen und 18 Min. kochen, bis der Reis die Flüssigkeit aufgesogen hat und körnig ist.

2 Erbsen und Mais in Wasser kochen, bis sie gerade noch Biß haben; Wasser abschütten und abtropfen lassen.

3 Die Hälfte des Öls im Wok erhitzen. Speck kurz anbraten. Paprika und Frühlingszwiebeln hinzufügen, 1 Min. anbraten und herausnehmen. Die gequirlten Eier in den Wok geben, Wok dabei schwenken und die Masse über den Wok-Boden verteilen. Braten bis die Unterseite der Eiermasse fest ist, dann mit einem Holzlöffel zerteilen und aus dem Wok nehmen. Wok auswischen.

4 Restliches Öl erhitzen, Reis hineingeben und 2 Min. bei starker Hitze unter Wenden anbraten. Gekochte Zutaten und die Garnelen hinzufügen, Sojasauce darübergießen. Noch einige Min. unter Wenden weiterbraten. Heiß servieren.

Speck kurz anbraten. Paprika und Frühlingszwiebeln hinzufügen.

Eier mit einem Holzlöffel zerteilen, herausnehmen und den Wok auswischen.

Die gekochten Zutaten zum Reis geben. Gut rühren.

Sojasauce hinzufügen und gut rühren, um alles zu vermischen und durchzuwärmen.

Gebratenes Gemüse-Allerlei

Vorbereitungszeit: 10 Min.
Zubereitungszeit: 5 Min.
Für 4–6 Personen

1 mittelgroße Zwiebel
2 Sellerie-Stangen, diagonal geschnitten
1 mittelgroße Möhre, geschnitten
1 kleine Zucchini, geschnitten
6 kleine Broccoliröschen
6 kleine Blumenkohlröschen
8 grüne Bohnen, halbiert
60 g Bambussprossen, geschnitten
12 Zuckererbsen
12 Strohpilze
12 kleine Maiskölbchen
3 EL Pflanzenöl
100 g frische Sojabohnensprossen
190 ml Hühnerbrühe
1 EL helle Sojasauce
3 TL Stärkemehl

1 Zwiebel schälen und halbieren. Boden diagonal abschneiden. Von oben nach unten schneiden, um halbrunde Streifen zu erhalten.

2 Sellerie auf chinesische Art, diagonal zum Stengel, schneiden.

3 Öl im Wok erhitzen, die Gemüse zusammen 5 Min. lang kurz anbraten bis sie gar sind, aber noch Biß haben.

4 Hühnerbrühe, Sojasauce und Stärkemehl vermischen und in den Wok geben. Auf höchster Stufe kochen, rühren, bis die Sauce bindet. Sofort servieren.

TIP
Andere chinesische Gemüsearten wie *bok choy*, chinesischer Broccoli und *choy sum* können für dieses Gericht verwendet werden. Um zusätzlichen Geschmack zu erzielen, feingeraspelten Ingwer und einen guten Schuß Sherry hinzufügen.

Sellerie diagonal zum Stengel schneiden.

Öl im Wok erhitzen. Gemüse hinzufügen, kurz anbraten bis sie gar sind, aber noch Biß haben.

Hühnerbrühe und Sojasauce mischen und zum Stärkemehl geben, gut verrühren.

Hühnerbrühemischung in den Wok gießen, rühren, bis die Sauce bindet.

Chinesische Gemüse mit Pilzen und Austernsauce

1 Bund chinesisches Gemüse (bok choy, choy sum, gai larn)
8 getrocknete chinesische schwarze Pilze, eingeweicht
2 EL Pflanzenöl
2 EL Austernsauce

Vorbereitungszeit: 20 Min.
Zubereitungszeit: 8 Min.
Für 4 Personen

1 Gemüse gut waschen und abtropfen lassen. Dicke Stengel abschneiden und in Streifen schneiden.

2 Pilzstiele entfernen, Wasser herausdrücken. In leicht gesalzenem Wasser 5 Min. köcheln lassen, dann abtropfen lassen.

3 Gemüsestengel in kochendes Wasser geben und 1–2 Min. kochen. Herausnehmen, die Blätter kurz blanchieren und gut abtropfen lassen.

4 Gemüse und Pilze in Öl bei mittlerer Hitze kurz wenden, bis alles gut mit Öl überzogen ist. Mit Austernsauce gewürzt servieren.

Tip
Statt der schwarzen Pilze können Strohpilze oder Champignons aus der Dose verwendet werden.

Die dicken Stengel vom Grün abschneiden und in dünne Streifen schneiden.

Getrocknete chinesische Pilze köcheln lassen, bis sie weich sind.

Gemüseblätter in kochendes Wasser geben.

Stengel, Blätter und Pilze im Wok 1 Min. kurz anbraten.

Scharfer Tofu mit Hackfleisch

Vorbereitungszeit: 20 Min.
Zubereitungszeit: 10 Min.
Für 4–6 Personen

300 g Hackfleisch
1 mittelgroße Zwiebel, geschnitten
2 EL Pflanzenöl
$1^{1}/_{2}$ TL Knoblauch, feingehackt
2 TL Ingwer, feingeraspelt
$^{1}/_{2}$–1 TL scharfe chinesische Sojabohnenpaste
1–2 TL Zucker
1 EL dunkle Sojasauce
500 g weicher Tofu, gewürfelt
185 ml Hühnerbrühe
1 EL Stärkemehl
große Salatblätter zum Servieren

1 Hackfleisch und Zwiebel in Öl 4 Min. unter Wenden anbraten.

2 Knoblauch und Ingwer hinzufügen, kurz anbraten. Sojabohnenpaste, Zucker und Sojasauce hinzufügen und $1^{1}/_{2}$ Min. kochen. Häufig rühren.

3 Tofu und die Mischung aus Hühnerbrühe und Stärkemehl hinzufügen und auf kleiner Hitze kochen. Rühren, bis die Sauce eindickt. Auf Salatblättern anrichten.

Hackfleisch und Zwiebeln etwa 4 Min. lang anbraten.

Knoblauch und Ingwer hinzufügen und 1 Min. anbraten.

Sojabohnenpaste, Zucker und Sojasauce hinzufügen. 2 Min. anbraten.

Mit Stärkemehl gemischte Hühnerbrühe hinzufügen. Rühren, bis die Sauce bindet.

Desserts

Desserts, wie wir sie kennen, gehören eigentlich nicht zu einem chinesischen Essen. Süße Leckereien werden als Zwischenmahlzeiten oder zu besonderen Anlässen serviert.

Kokosnuß-Jelly

Vorbereitungszeit: 15 Min. + 1 Std. zum Gelieren
Zubereitungszeit: 5 Min.
Für 8–12 Personen,
Ergibt 24 Stück

400 ml Kokoscreme
250 ml Milch
500 ml Wasser
95 g Zucker
12 g Agar-Agar
½ Becher Kokosraspel

1 Kokoscreme, Milch und Wasser in einen Topf gießen. Zucker und Agar-Agar hinzufügen und gut vermischen.

2 Zum Kochen bringen und 3 Min. köcheln lassen. Kokosraspel hineinrühren.

3 In eine nasse flache Backform gießen, abkühlen und gelieren lassen. In Würfel schneiden und kalt servieren.

Tip

Statt der Kokoscreme 1½ Becher Kokosraspel nehmen, mit Milch und Wasser in der Küchenmaschine oder mit dem Mixgerät verrühren. ½ Becher Wasser zusätzlich nehmen.

Wasser in einen Topf mit Kokoscreme und Milch gießen.

Zucker und Agar-Agar mischen, in den Topf geben und gut rühren.

Kokosraspel hineinrühren.

In eine nasse Backform geben. Bei Raumtemperatur abkühlen und gelieren lassen.

Fritierte Eisbällchen im Kokosnußmantel

Markeneis verwenden.

2 l Vanille-Eiscreme
1 Ei
110 g Mehl
185 ml Wasser
250 g feine Semmelbrösel
2 EL Kokosraspel
1250 ml zum Fritieren geeignetes Öl

Vorbereitungszeit: 20 Min. + mehrere Tage Gefrierzeit
Zubereitungszeit: 20 Sek.
Für 6 Personen

1 6 große Eiskugeln formen. Ins Gefrierfach zurückstellen.

2 Aus Ei, Mehl und Wasser einen dicken Teig bereiten. Eiscreme-Kugeln mit dem Teig umhüllen, dann in Semmelbröseln und Kokosraspel wenden und dick panieren. Zurück ins Gefrierfach stellen, und mehrere Tage einfrieren.

3 Öl auf 180 °C erhitzen. Eiskugeln einzeln einige Sekunden fritieren, bis sie goldbraun sind. Herausnehmen und sofort mit Karamelsauce oder frischen Früchten servieren.

TIP
Wichtig ist, daß die Eiscreme tiefgefroren und das Öl ausreichend heiß ist, um die Panade in nur wenigen Sekunden zu versiegeln und zu fritieren.

Mit einem Eiskugelformer 6 große Eiskugeln bereiten.

Aus Ei, Mehl und Wasser einen dicken Teig herstellen.

Eiscreme-Kugeln gleichmäßig mit Semmelbröseln und Kokosraspel panieren.

Eiskugeln nacheinander für wenige Sekunden fritieren, bis sie goldbraun sind.

Saucen

Hier stellen wir zwei besondere Saucen vor, die sich hervorragend als Dip für die gebratenen oder über Dampf gegarten Speisen in diesem Buch eignen. Am besten serviert man beide heiß. Abgedeckt sind sie im Kühlschrank bis zu einer Woche haltbar.

Süß-saure Sauce

250 ml Wasser
125 ml weißen Essig
95 g Zucker
60 ml Tomatensauce oder
1,5 g rote Lebensmittelfarbe
1 TL gekörnte Hühnerbrühe
1 EL Stärkemehl

Zutaten in einem kleinen Topf mischen, zum Kochen bringen und köcheln, bis die Sauce eindickt.

Pikante Pflaumensauce

1 Dose Pflaumen (500 g)
83 ml Essig
1 EL Zucker
1 g Wuxiang fen-Mischung = »5 chinesische Gewürze«
2 TL Stärkemehl

1 Pflaumen entkernen, mit der Flüssigkeit in eine Küchenmaschine geben und pürieren.

2 In einen Topf geben, die übrigen Zutaten hinzufügen und köcheln, bis die Sauce bindet.

Vorbereitungszeit für jedes Rezept: 10 Min.
Zubereitungszeit für jedes Rezept: 5 Min.
Jedes Rezept ergibt 375 ml Sauce

Tip

Um der Süß-sauren Sauce zusätzlichen Geschmack zu verleihen, eine der folgenden Zutaten hinzufügen: 2 EL feingeschnittene Ananas, 2 TL geraspelter Ingwer, 1 EL feingeschnittene chinesische Mixed Pickles, 1/2 TL frisch gemahlener schwarzer Pfeffer. Einige Spritzer Chilisauce geben der pikanten Pflaumensauce zusätzlichen Pfiff, ebenso gemahlener Ingwer oder Zimt. Saucen zu Frühlingsrollen, Krabbentoast oder *gow gees* servieren.

Süß-saure Sauce: Wasser, Zucker und Essig in einen kleinen Topf geben.

Tomatensauce, Brühe und Stärkemehl hineinrühren und zum Kochen bringen.

Würzige Pflaumensauce (links) und Süß-saure Sauce (rechts)

Würzige Pflaumensauce: Pflaumen entkernen und mit dem Saft zu Püree verarbeiten

Die Mischung aus Essig, Zucker, Wuxiang fen und Stärkemehl hinzufügen.

GLOSSAR

Agar-Agar: Eine Art Gelatine, aus Algen hergestellt. Muß nicht gekühlt werden

Austernsauce: Eine dicke, braune, salzige Sauce, hergestellt aus vergorenen Austern. Immer im Kühlschrank aufbewahren. Geliert zu einem festen Jelly mit körniger Beschaffenheit.

Bambussprossen: Cremefarbene Schößlinge der Bambuspflanze, als Gemüse verwendet. In Dosen, ganz oder geschnitten im Handel, manchmal frisch auf dem Gemüsemarkt erhältlich. Können in Wasser für einige Tage im Kühlschrank aufbewahrt werden.

Bohnensprossen: Blaßgelbe Schößlinge der grünen Mungobohnen (größer und tiefgelb in der Farbe sind die Schößlinge der Soja-Bohne). Damit sie knackig sind, vor dem Gebrauch kurz in eiskaltem Wasser einweichen. Nur wenige Tage im Kühlschrank haltbar.

Bohnen, schwarze: Gesalzene und fermentierte Sojabohnen, schwarz und weich. Geschnitten als salzige Würze verwenden.

Chilischoten/ Chilisauce: Frische rote Chilischoten sollten vor dem Gebrauch aufgeschnitten und die Samen entfernt werden. Gummihandschuhe tragen, um Hautreizungen zu vermeiden. Scharfe chinesische Chilisauce ist im Handel in Flaschen erhältlich, und sollte im Kühlschrank aufbewahrt werden. Süße Chilisaucen werden als Dip und hier in einigen Rezepten verwendet.

Chinesische Fünf Gewürze = Wuxiang fen: ein feines Gewürzpulver aus fünf süßen Gewürzen – Cassia, Nelke, Fenchel, Sternanis und chinesische Pfefferkörner. Mit Salz vermischt wird es als Dip für gebratene Speisen verwendet und anderen Gerichten als Würze beigefügt.

Chinesisches grünes Gemüse: Ähnlich geschossenem Kohl mit tiefgrünen Blättern und langen Stengeln. Auf chinesischen Gemüsemärkten erhältlich. Mehrere Tage im Kühlschrank haltbar. Stengel in 10 cm lange Stücke schneiden und länger als die Blätter kochen.

Chinesische Pfefferkörner: Kleine getrocknete rotbraune Beeren, süß duftend und nur mild pfeffrig im Geschmack. Ungemahlen in Eintöpfen und Suppen, gemahlen und mit Salz gemischt als Dip oder Würze verwendet.

Chinesischer Schwarzer Essig: In chinesischen Lebensmittelläden erhältlich. Ein dunkler, milder Essig. Als Ersatz können Malzessig, Reisessig oder Apfelessig mit Wasser verdünnt verwendet werden.

Frühlingsrollen: s. Teigblätter.

Ingwer: Frische Ingwerwurzeln sollten geschält und sehr fein geschnitten, geraspelt oder gehackt werden. Getrockneter Ingwer ist kein Ersatz, im Notfall kann Ingwerpulver verwendet werden.

Koriander: Die grünen Blätter des Koriander, dessen Samenkörner als Würze verwendet werden, sind allgemein als chinesische Petersilie bekannt.

Maiskölbchen: In Dosen, Gläsern und manchmal frisch im Handel erhältlich. Diese Miniatur-Maiskolben mit ihrer angenehmen knakkigen Beschaffenheit und dem milden Geschmack sind ein beliebter Zusatz zu kurzgebratenen Gerichten.

Nudeln: Eiernudeln werden in kleinen gedrehten Bündeln gehandelt. Vor dem Gebrauch einweichen oder kurz in heißes Wasser geben, um die Bündel zu entwirren. Frische Nudeln brauchen nur kurz in kochendes Wasser gegeben werden.

Pflanzenöl: Zum Fritieren wird ein mildes Pflanzenöl verwendet, doch zum kurzen Anbraten ziehen Chinesen ein »schon einmal gekochtes« Öl vor. Öl, das schon ein- oder zweimal zum Fritieren benutzt wurde, kann zum Kurzbraten ver-

wendet werden, und hat dann schon seinen Rohgeschmack verloren.
Pilze, schwarze: Diese teuren, getrockneten Pilze sollten an einem kühlen, dunklen, trokkenen Ort aufbewahrt werden, um Schimmelbildung zu verhindern. Vor dem Gebrauch 20 Min. in heißem Wasser einweichen, die harten Stiele abschneiden, und die Kappen ganz oder geschnitten verwenden. Das Wasser, in dem die Pilze eingeweicht wurden, kann in Saucen und Suppen verwendet werden.
Reis-Vermicelli: Sehr dünne, weißliche Stränge festeren Nudelteigs, aus Reismehl hergestellt. Sie müssen nur sehr kurz gekocht werden, aber sollten vorher in Wasser einweichen. Nicht einweichen, wenn sie gebraten werden sollen, sondern dann direkt in mäßig heißes Öl geben und gerade so lange braten, bis sie sich in der Menge verdreifachen und weiß und knusprig werden.
Satay-Sauce: Satay-Sauce wird aus gerösteten, gemahlenen Erdnüssen und Gewürzen hergestellt und ist im Handel in Flaschen erhältlich. Im Kühlschrank aufbewahren.
Sesamöl: Ein dunkelbraunes Öl mit stark nußigem Geschmack, hergestellt aus Sesamsamen. Verwendet um gebratenen Gerichten und Marinade den Geschmack zu verleihen.
Sherry, Reiswein, Ingwerwein: Trockener Sherry eignet sich als Ersatz für Reiswein. Ingwerwein verleiht Gerichten einen guten Geschmack.
Sojasauce, hell und dunkel: helle Sojasauce wird verwendet, wenn ein salziger Geschmack gewünscht wird, dunkle Sojasauce, um einem Gericht eine dunklere Farbe zu verleihen.
Sojabohnen-Käse: s. Tofu
Strohpilze: In Dosen, manchmal auch frisch, erhältlich. Kleine, graue, runde Pilze, die aufgeschnitten noch einmal die Form eines kleinen Pilzes erhalten. Sie halten sich nur wenige Tage im Kühlschrank.
Teigblätter, Frühlingsrollen: Dünne, pergamentartige Teigblätter, die in Päckchen zu 12–20 Stück im Handel erhältlich sind. Verwendet, um gebratene Speisen einzuwickeln. Sie geraten sehr knusprig, wenn sie fritiert werden. Mit einem feuchten Tuch abdecken, um sie während der Benutzung feucht zu halten. Unbenutzte Teigblätter gut in Folie eingewickelt im Gefrierfach aufbewahren.
Tofu (= Sojabohnen-Käse)***:*** Eine weiche, ockerfarbene, jelly-ähnliche Masse, gewonnen indem man eine Mischung aus gemahlenen Sojabohnen und Wasser durchsiebt und geliert. Weicher Tofu ist in Plastikbechern mit Wasser erhältlich und eignet sich als Zutat für Suppen, Fleisch- und Gemüsegerichte; fester Tofu eignet sich zum Schneiden, zum Braten oder als Zutat zu geschmorten Gerichten; gepreßter Tofu ist noch fester, und kann fritiert werden, bis er gut gebräunt ist.
Wasserkastanien: Kleines, rundes knackiges Gemüse, das in Dosen, manchmal frisch, im Handel erhältlich ist. Sie sind von angenehm-knackiger Beschaffenheit und haben einen milden, leicht süßlichen Geschmack. Nur wenige Tage in Wasser eingelegt im Kühlschrank haltbar.
Wintermelone: Diese riesige Melone sieht aus wie eine Wassermelone, doch hat sie mild schmeckendes, zartgrünes Fruchtfleisch.
Won-Ton-Teigblätter: Kleine, dünne Nudelteigquadrate, hergestellt aus Eigelb und Mehl. In Packungen zu etwa 30 Stück im Handel erhältlich. Die Teigblätter können im Kühlschrank mehrere Tage lang aufbewahrt werden.

Register